Poemas para el desvelo

Lian De la Cruz

ALJA

Poemas para el desvelo

Lian De la Cruz

Poemas para el desvelo
© D. R. 2023, Lian De la Cruz.

© D. R. 2023, ALJA Ediciones.
Calle Ofelia Gutiérrez 61
Fraccionamiento Los Ébanos
H. Matamoros, Tamaulipas, México. 87340.

Imagen de portada: Florián López Guerrero.

Primera edición: (ALJA Ediciones, 2023).

ISBN-13: 979-8378155453

Ninguna parte de esta publicación, incluido el diseño de cubierta, puede ser reproducida, almacenada o transmitida de manera alguna, ni por ningún medio, sin permiso previo de la editorial.

Para quienes viven el amor a cada instante,
de una y mil maneras.

1

No era lo que deseaba, lo que merecía,
pero cuando veía su sonrisa
la mirada se transformaba.
No era una belleza, su rostro bastante sombrío,
pero sonreía y embelesaba.
¿De dónde vino? No lo sé,
llegó de la nada, pero estaba ahí,
sus ojos se cruzaban con los míos
y me sonrojaba.
No sé qué encanto en ella guardaba,
deseaba contemplar ese rostro una y otra vez,
¿Y por qué no? Robar un beso,
tocar su piel.

2

Bien, cierra tus ojos
y siente mi corazón junto al tuyo,
escucha el seno que late fuerte.
De hecho, creo que estoy temblando,
nadie me abraza,
creo que me ruboriza un poco;
pero no importa, puedes abrazarme.

3

Mi prosa te besa,
te abraza en el tiempo y la distancia,
acaricia tu pelo
y el contorno de tus labios.
Recorre tu rostro y se posa en los labios,
palabras que acarician;
son besos a tu alma, es solo eso,
prosa para mí, para ti.

4

Las palabras son arte, tocan las almas,
hacen palpitar corazones,
derramar lágrimas.
Palabras que salen del alma,
despiertan emociones
y van más allá de los sentidos.
Son maravillosas, amo las palabras,
te deben hacer vibrar.
Sin tocar, las letras acarician,
besan, embelesan
y recorren pieles, milímetro a milímetro,
en el tiempo y la distancia.

5

Un beso sin prisas,
puede durar una eternidad,
embelesa
y se lleva el alma hasta perderse
en la inmensidad.

6

Que el amanecer te abrace
sintiendo la fuerza del amor
en su más clara y sencilla expresión.
Un abrazo que haga temblar el cuerpo
y el calor se sienta en el rostro.
Deja que te colme de placer
y que la emoción inunde tu alma.
Voy a tomar café, el de mis ojos
que brillan ante el hecho de que un día
he de perderme en los tuyos.
La sonrisa que en mis labios pintas
es la más genuina: esa viene del alma.

7

Abrazaré tu cintura
y te daré un beso al verte.
Me asiré a tus brazos.
Que el tiempo transcurrido
sea el alimento necesario
para ese día especial.
Quiero que sea el tatuaje
en el alma y en mi corazón,
que nada pueda borrar jamás.

8

El dulce trinar de los pájaros
anuncia la llegada del sol
y yo, en cama todavía.
De tus letras bebo el dulce sabor,
mi día será resplandeciente, genial,
pues mi hermoso hombre,
con su saludo, ha hecho la mañana
más grandiosa y único mi despertar.

9

Espero escuchar tu voz
y que mi corazón se sobresalte,
que pueda leer cada una de tus palabras
y evocar tu rostro, esa mirada,
esa sonrisa que dibujas en la distancia.
Pinta, píntame una sonrisa cada día,
no importa la hora,
llena de colores esta mirada
en la lejanía.

10

Un buen lugar,
caminamos por una fuente
con agua cristalina, tranquilamente.
Disfrutamos aquellas gotas frías
que el viento azota en nuestros cuerpos.
Dejamos que las gotas saltarinas
jueguen con nuestros rostros,
que podamos reír a carcajadas
y sin recato.
Que puedas corretearme por el pasto
rodeados de un sinfín de flores
para dejarme atrapar.
Me regalarás un beso,
vayamos a ese cuento de hadas.
Te espero, no tardes.

11

Que esa sonrisa te haga sonrojar
y temblar las piernas,
que al escuchar su voz
alcances a balbucear su nombre.
Para enamorarse de un hombre
no importa la ropa,
los títulos, lo material.
Enamorarse de un hombre
debe ser maravilloso.

12

Tu linda sonrisa
asoma a esta mirada taciturna,
melancólica a ratos, besando tus labios,
tu cara, tus manos,
que desnuda el alma
y tu cuerpo también, por qué negarlo,
que besa tus labios
y se queda de día
saboreando esa sonrisa
que me traspasa el alma,
que me roba la calma,
sonrisa tan tuya, tan mía.

13

La miel de tus ojos indica jalea real en la boca.
La miel de mis ojos puede endulzar tu vida y la mía,
basta que se crucen las miradas y endulzar
cada instante de nuestras vidas.

14

Escucho los gallos en el silencio de la madrugada,
el frío se siente en mi lecho,
la soledad y ausencia que la manta no cubre,
pero unos brazos serían perfectos,
donde un susurro de buenos días quedaría justo,
donde una caricia en el cabello
estremecería mi piel.
En esa percepción de frío
un beso tuyo vendría perfecto.

15

Con tus besos y caricias
llévame a perder los sentidos.
Hazme sentir que tocamos el cielo,
embriaga mis labios, mi piel
y deja tu sabor en mí.

16

Qué hermoso amanecer,

saber que estoy presente en ti.

Encanta mi alma

y tendrás todo mi amor.

No hablo de amor de roce de cuerpos

y noches infinitas:

hablo de un amor que, con solo cerrar los ojos,

puedas estar junto a mí,

recostar tu cabeza en mi regazo

y sentir tu cabello entre mis dedos.

Recorrer tu rostro

con la mirada llena de dulzura

por esa sensación que provocas en mi ser.

Sigue dibujando escenas en mi mente

y sonrisas en mi rostro.

Me encanta tu paleta de colores.

17

Sueña que a mi lado
bebemos el café de mis ojos
y mis labios tienen el dulce sabor del café canela,
que contamos las estrellas
y acarician la luna nuestros rostros,
que el viento me despeina
y me tienes en tus brazos.

18

Erizas mi piel
cuando lees para mí en las mañanas,
puedes recrear esas líneas
que incitan a tener tu cuerpo junto al mío,
a besar cada parte de ti, llenarme de ti,
mis labios de tus besos, mis manos de tu piel.
Erízame la piel.

19

Me han dado, de pronto, ganas de ti,
de tus besos, de tocar tus ojos,
tu cara, recorrer tu piel.
Escribe versos en mi piel,
milímetro a milímetro,
escribe te amo
y deja la huella de tus labios.
Escribe a besos
tu nombre en mi espalda,
recorre y escribe en todo mi cuerpo.
De tal manera
que, cuando no estés a mi lado,
yo pueda leer en cada parte de mí
un *te amo*, un *he de volver*.

20

Porque la vida es linda y atrae cosas lindas
te regalo mis besos y abrazos,
el dulce sabor de mis labios.
Con café de mis ojos el canela de tu piel,
besos, amor, combinación perfecta,
café, canela y miel.

21

¿Te gusta escribir? ¿Qué te parece mi piel?
Puedes empezar por mi cara,
bajar por mi cuello y recorrerme a besos
hasta llegar ahí,
a mi vientre lleno de mariposas que vuelan
al sentir tus labios y tus manos
recorrer mi espalda a placer.
Escribe, anda, sobre mí.

22

Desearía que estuvieses a mi lado,
escribir a besos y caricias
que el calor de tu cuerpo aprisione mis deseos
y despiertes a esta mujer.
Que, a besos de la cabeza a los pies,
cada fibra de mí se estremezca,
abrazada a tu cintura,
solo así, hasta el amanecer.

23

Mi vida en tus ojos, en tus manos,
en tu boca, bésame, recorre mi cuello
y mis hombros con tus dedos.
Mi vida en un hilo por cada caricia,
bésame y calla mi boca,
aquieta mis emociones
y llena mi vida
de ti.

24

La noche me abriga, pero quiero tus brazos
y tu calor en mi cuerpo.
Que tus brazos lo envuelvan, dormir en tu pecho, cerrar mis ojos y escuchar tu respiración.

25

Mi amor es un tomo,
el mejor capítulo, tú y yo,
siente, vive y escribe.
Anda, acompáñame,
nuestra historia no será la única,
pero es la mejor
porque del alma nació,
no de miradas cruzadas,
no de besos con pasión:
nació con unas letras,
de esas que tocan el alma
y te llenan de amor.

26

Soñaré contigo, te traeré a mi sueño,
porque en él decido qué hacer.
Cada día se construyen los anhelos
y el mío eres tú.
Será una dulce espera
la luz y el camino para ese día anhelado.
Sueña conmigo y yo, contigo.

27

Abraza mi cuerpo a la distancia,
dale calma a mi agitado corazón.
Bésame y dale paz a mi alma,
hoy necesito sentirme amada,
necesito mi abrazo
y quedar dormida sin prisa.

28

El camino lo pueden hacer tus manos,
tus besos, tu manera de mirar mis ojos,
de acariciar mi cabello, de besar.
Entre tus manos y en tus labios está la brújula,
decide a donde llegar:
me dejaré guiar por ti.

29

Cada día, al despertar,
siento unas enormes ganas
de tus labios.
Cierro los ojos,
imagino que ahí estás,
junto a mí
y solo atino a decir:
Amor, amor, anda, bésame.

30

Ven y bésame, recorre mi cuerpo,

siente cómo se estremece al roce de tus labios.

Esclavo y amo de tus caricias,

siente cómo se adueñan mis emociones de tus besos

y solo quiero que me hagas sentir así, muy tuya,

que hagas lo que quieras,

besa y recorre cada parte de mí.

Haz que te necesite, que te quiera sentir,

que despiertes y apagues ese deseo por ti.

Así, esclavo y amo de tus besos, de mi piel.

Anda, bésame y llévame hasta ahí,

donde los cuerpos se funden y quédate así.

31

Amo los mensajes, tus mensajes,
ese despertar y leer entre dormida,
que me ames así, que dibujes mi sonrisa
en el amanecer.

32

Amor, piel a piel junto a ti,
puedes perderte en mis ojos
y encontrarte en mis labios.
Vamos, piel a piel,
en el silencio de la noche,
a comer a besos nuestras bocas.

33

Eres un artista,
espero que la mejor de tus modelos
e inspiración sea yo,
porque tú eres mío.

34

Juguemos a tocarnos el alma,
a amarnos por siempre,
a contar historias inimaginables,
de encuentros aún ausentes.
Pero, cada noche
haces de mí todos tus antojos.
Juguemos como niños,
te alcanzo y me alcanzas,
te beso, me besas,
anda, juguemos, amor.
Te amo, me amas,
no cuerpos y pieles: almas,
porque se conocen desde siempre.

35

La noche cae; ven, quédate a mi lado,
quiero que conversemos, beber café
y nuestras manos enlazadas.
Acariciar tu pelo,
que juegues con el mío entre tus dedos.
Ven, quédate a mi lado y busca mis labios,
quiero sentir tu beso, un sinfín de besos.

36

De amores no tengo experiencia;
de sufrir por amor, tampoco.
Vivo la vida y amo porque lo decido;
me alejo por la misma razón.
De amores, la única experiencia que tengo
es que te conocí y me enamoré de ti.

37

Lejos o cerca, contigo o sin ti, con prisa y sin prisa,
en silencio, indiferente, no importa, te sigo amando,
tanto o más que hace un segundo.
El tiempo y la distancia son relativos
y no ayudan en las cosas del amor.
Ni el adiós, ni las decepciones, ni las heridas
te ayudan en las cosas del amor.
A veces creo que es un castigo amar así
a quien no siente absolutamente nada por ti.
A veces creo que es hermoso amar así,
sin recibir, solo por la decisión de hacerlo.
Luego se vuelve tan complejo
y caigo en el letargo de la incertidumbre.
Y desaparezco.
Pero, de una o de otra manera, estás ahí,
eso no se puede cambiar. Yo te amo
y te amaré para siempre, aunque no estés a mi lado.
Y sí me duele hasta lo más profundo de mi ser,
pero ya he vivido hasta hoy con esa herida.
Seguiré con sonrisa feliz y bajo ella, mi tristeza
y mi dolor, solo por amarte a ti.

38

Puedo escribir siempre,
pero hay días que hasta el viento me inspira
y así aparece esa chispa de no sé qué;
química, atracción, yo le llamo amor.
Siempre cuestionamos si el amor nace de pronto,
qué va, qué importa, si el solo sentir ya es vivir.

39

Caricia indispensable

es leer que me amas, que me extrañas.

Caricia indispensable

es perderme en el café de tus ojos.

Caricia indispensable

es besar tus labios rojos.

Caricia indispensable

es arroparme entre tus brazos

y cumplir todos tus antojos.

40

Llévame a donde desees,
despierta cada uno de mis más íntimos deseos,
mi cuerpo ha dormido por años,
pero siempre esperando al mejor orquestador
que haga vibrar a su ritmo cada parte de mí.
Que saque las mejores notas,
que escriba por todo mi cuerpo,
que, a besos, recorra mi piel,
que deje la huella de sus caricias,
que al cerrar los ojos lo pueda sentir,
sin estar.

41

La soledad y la tristeza
me han acompañado siempre.
A veces dolorosa; a veces dulce,
pero a veces también
me acercan a lo que quiero.

42

Tu cuerpo, mi cuerpo,
recorreré a besos tu cara,
tu cuello, tu pecho.
Con tus manos me llevarás
por el sendero que más te agrade
y que el viaje por tu cuerpo
sea a placer tuyo.
Que mis labios húmedos
vuelquen por tu piel
los deseos que despiertas en mí,
y, al final, abrazada a tu cintura,
pueda sentirme mujer, tu mujer.

43

Beberé la miel de tu alma.
Por si acaso, endulza mi cuerpo
y bebe a sorbos cada parte de mí,
sacia tu sed y mis ansias.

44

Amor, ven y abraza mi cuerpo,
tengo ganas de tus besos,
ven y envuelve mis sentidos,
recorre cada milímetro a besos.
Muerde dulcemente,
despierta las emociones,
los deseos aún desconocidos.
Llévame a ti, siénteme
y así, abrazada a tu cintura,
envuelve tu aroma, hazme tuya
y quédate en mí.

45

Toca mi alma
hasta necesitar cada día tus besos.
Abrázame y hazme tuya,
quédate en mí y yo en ti.
Nunca me iré de tus brazos,
porque si tocas mi alma me tendrás
para siempre.

46

La ruta del deseo he trazado
en mi mente, junto a ti,
besando cada parte de mí,
arrancas suspiros y gemidos
al sentirte ahí donde el placer es infinito.
Cada parte de mí se estremece
al contacto con tu piel.
Otra vez, anda, hazme tuya a placer.

47

A mí sorpréndeme a besos,
a besos dibuja mi silueta,
a besos puedes callar este deseo,
esta inquietud que me causas,
a besos da la calma.
Sorpréndeme en mi rostro,
en mi espalda.

48

Así trabajo, estudio y escribo,

hasta el cansancio para vencer mi soledad.

Pero ahora veo que se puede vivir, vivámoslo.

Sé el refugio de este ser que desea

surcar los cielos y perderse…

Nada tiene sentido. Todo es huir,

a veces hasta de sí misma.

49

Las palabras son magia.
Hay que vivir lo que escribes,
aunque sea en tu mente,
aunque sean anhelos,
a mí me fascina sentir sin tocar.
Amante de los ojos brillantes,
de las sonrisas eternas
y sí, de esas mentes únicas
que hacen la magia eterna.

50

Ven y siéntate a mi lado, deja que te cuente,
me siento asombrada, nadie había despertado
esta sensación de vacío.
Necesito saber de ti, la zozobra me asalta,
no defino si es temor por verte a los ojos
y no descubrir nada. O descubrirlo todo.

51

El mejor cuadro somos tú y yo,

ese primer beso de letras,

suspiro arrancado de lo más profundo del alma.

Esa sonrisa que dibujaste en mi rostro,

eso que despertó mi cuerpo dormido,

ese anhelo de estar entre tus brazos un amanecer.

52

Anhelo vivir

y experimentar el amor de verdad,

ese que besa en el tiempo y la distancia,

que cala hasta el alma,

hace hervir la sangre y se siente hasta la médula.

Ese amor interminable

que sientes al cerrar los ojos.

Así es el amor que deseo vivir contigo.

53

Puedes vivir el amor,
estremecer mi cuerpo,
que, jadeante entre tus brazos,
solo quiera sentir tus besos.
Tus caricias, tus manos
y todo tú en mí,
que puedas hacer conmigo
tus más inimaginables anhelos
y descubrir mil maneras
de hacer el amor.
Con la mirada, a prosas,
a besos, a entrelazar nuestras manos,
a rozar nuestros pies.
¿Y por qué no?
De vez en vez a sentir uno del otro
el deseo de estar en ti y tú en mí.

54

Amanece con el dulce recuerdo
de un beso a tu boca.
Besa, bésame
y sacia con tus labios mis ansias.
Bésame y lleva a mis labios
el dulce sabor café canela.
Quiero que seas mi sabor favorito.

55

Amor, buenas noches,

deja que te cuente:

has de saber que tengo un defecto más.

Me encanta el orden y la limpieza

y, estando en casa,

soy una experta Cenicienta.

Sin embargo, te recuerdo a cada instante,

quiero llenar de besos tu frente.

Besos, amor, y hermosa noche.

56

Debe ser fantástico, mi amor.
¿Cómo hemos cruzado nuestras almas?
¿Cómo llegamos a esto?
Besos de cielo,
besos para el alma:
mi alma.

57

¿Cómo crees eso? ¿Plasmar tanto?
Me encanta, me enloquece, literal,
que despiertes emociones sin tocarme.
Lo que esconde una mirada
es mejor que mil caricias.
Prefiero ser observada que una mano
recorriendo mi piel.

58

Yo no ofrezco lo que no puedo dar,

yo, tiempo, no tengo mucho,

pero amor, sí

y mi alma llena de amor

es lo que ofrezco.

Tengo mucho amor,

palabras dulces,

arreboladas, pero sinceras.

No tengo más que amor para ti.

59

Perfecto, ya te dije que mi cuerpo
es intocable e inconquistable,
solo quien toque mi alma me podría tocar
y cada milímetro es perfecto.
Por el amor que me tengo
estoy segura de que un día
el indicado llegará,
ese que conquiste el alma
y en mis brazos amanezca.

60

Ven a mi vida,

vamos a donde las nubes

son de figuras y de colores,

a donde las estrellas

se cuentan y brillan,

donde caen gotas de miel,

donde los besos son de sabores

y mi sabor favorito,

café canela, mis ojos y tu piel.

61

Voy a dormir, mi vida, iré a tu sueño,
voy con el alma desnuda para que pintes en mí
una serie de trazos
que me lleven a ti…

62

Besos a tus ojos. Ya me conocerás.

Mi sonrisa y todo es genial,

pero yo vivo en realidad una tristeza profunda,

nadie lo entendería, ni yo.

Un día vamos a conversar

y sabrás que mi alma de amor está llena,

pero egoísmo, también…

Nadie me podría tocar,

no reacciona este cuerpo a caricias

aun en expertas manos.

Lo mío es una locura sin cura

y así me quiero quedar.

63

En el amanecer
se escucha un sinfín de sonidos
y el único que desearía escuchar
es el de tu corazón junto al mío
en un abrazo.

64

Amanece,

los rayos asoman por mi ventana,

solo deseo recordar que existes,

que alguien me escucha

y no conversar con mi almohada.

Hoy la soledad me aqueja más que de costumbre,

es la causa del insomnio.

Amanece,

mis ojos recorren tus líneas,

solo deseo aligerar por un instante esta soledad

y saber que, a la distancia, estarás pensando en mí.

65

Está frío,

pero no por eso necesito tu calor,

necesito de ti,

de un abrazo porque sí.

Porque te quiero sentir

deseo escuchar tu palpitar,

tu aliento en mi piel.

Bésame, bésame, bésame

y hazme sentir que te necesito aquí,

junto a mí.

66

La encontré por la mañana,
está hermosa y se me ocurre escribir.
Caminaba y te vi a mis pies
sin posibilidades de adornar un florero,
en alguna dama a quien un caballero
lleno de amor se la llevase.
Sin dudar, me incliné,
te tomé entre mis manos,
buscaba abrir y devolver tu forma,
pero no fue posible.
Sin embargo, te llevo a mi lado.
Toda la mañana te observaba,
me gusta tu color y aunque
vas a morir como cualquier flor
que ha caído sin esperanza de ser
rescatada y admirada,
vas a vivir en mi libro,
vas a estar ahí.

67

Y a besos despertar

y hacer latir tu corazón entre mis brazos

y entre los tuyos, perderme para siempre.

68

Cae,
pero entre letras arreboladas está la esperanza,
como esta gota de rocío que se queda
impregnada en el pétalo,
así, así se queda ese anhelo por estar ahí.

69

Porque siempre estaré ahí, en el sueño,
esperando ese anhelo yo no me conformo nunca
y de ese sueño he de despertar y llegar ahí.

70

Existen personas maravillosas
que pintan tu vida de colores
y la acompañan de música.
Y, de pronto, son tan devastadoras
que pintan tu cielo de gris
y lo acompañan de lluvia.
Me sorprende la facilidad con que suelen hacerlo.
Sin piedad, diría yo.

71

Solo es que, cada vez que escucho tu voz,
mi corazón palpita tan fuerte que amenaza con salir;
es solo que, cuando la escucho,
tu voz me abraza y toca mi alma;
es solo que, cuando escucho tu voz, besa mis mejillas,
cuando escucho tu voz me transportas,
cuando escucho tu voz me embelesas,
con tu voz, me arrullas, me haces soñar,
me haces sonreír, me hace sentirme feliz.
Tu voz, tú.
¡Te hubieras cobijado con mi voz y las estrellas!
Y quizá tengas un halo de razón.
Para cobijarse bastaba tu voz;
en la penumbra parecía tan real.
Sabía que, si mis ojos abría, ibas a estar ahí,
junto a mí.
Pero en mi mente está el eco de tu voz
y lo suave y dulce de tus palabras.
Cobíjame con ese dulce timbre
tan varonil, tan tuyo,
que cuando tus labios pronuncien mi nombre,
sea así, único.

72

No fue desvelada:
fue una velada maravillosa.
Un deleite conversar,
que te escuchen y escuchar
y, de pronto, sin parar,
cuando me haces reír,
casi puedo sentir
cómo el corazón amenaza
con salir.
Así que la luna y las estrellas
suelen escuchar
tantas palabras que van y vienen,
palabras sin final.
Fue una velada hermosa,
una velada genial.

73

Hay amores que se gritan,
los hay en silencio, incansables,
pacientes, efímeros, por decisión,
pasión, placer, por soledad,
capricho, porque sí.
Pero hay amores del alma
y la distancia,
el tiempo, la ausencia,
el silencio no puede hacer mella
porque amor es amor.

74

¿Y si le grito al mundo que te amo?
¿Y si le grito al mundo que no te quiero mío,
que te quiero libre?
¿Y si le grito al mundo que me enamoro de ti cada día?
¿Y si le grito al mundo que sí existes?
¿Y si le grito al mundo que no tengo a mi lado
un hombre, pero sí existe el adecuado?
¿Y si le grito que nunca estaré a tu lado,
pero que siempre vives en mí?

Índice

1. *No era lo que deseaba* — 11
2. *Bien, cierra tus ojos* — 12
3. *Mi prosa te besa* — 13
4. *Las palabras son arte* — 14
5. *Un beso sin prisas* — 15
6. *Que el amanecer te abrace* — 16
7. *Abrazaré tu cintura* — 17
8. *El dulce trinar de los pájaros* — 18
9. *Espero escuchar tu voz* — 19
10. *Un buen lugar* — 20
11. *Que esa sonrisa te haga sonrojar* — 21
12. *Tu linda sonrisa* — 22
13. *La miel de tus ojos* — 23
14. *Escucho los gallos en el silencio* — 24
15. *Con tus besos y caricias* — 25
16. *Qué hermoso amanecer* — 26
17. *Sueña que a mi lado* — 27
18. *Erizas mi piel* — 28
19. *Me han dado, de pronto* — 29
20. *Porque la vida es linda* — 30
21. *¿Te gusta escribir?* — 31
22. *Desearía que estuvieses a mi lado* — 32

23. *Mi vida en tus ojos*	33
24. *La noche me abriga*	34
25. *Mi amor es un tomo*	35
26. *Soñaré contigo*	36
27. *Abraza mi cuerpo a la distancia*	37
28. *El camino lo pueden hacer*	38
29. *Cada día, al despertar*	39
30. *Ven y bésame*	40
31. *Amo los mensajes*	41
32. *Amor, piel a piel junto a ti*	42
33. *Eres un artista*	43
34. *Juguemos a tocarnos el alma*	44
35. *La noche cae*	45
36. *De amores no tengo experiencia*	46
37. *Lejos o cerca, contigo o sin ti*	47
38. *Puedo escribir siempre*	48
39. *Caricia indispensable*	49
40. *Llévame a donde desees*	50
41. *La soledad y la tristeza*	51
42. *Tu cuerpo, mi cuerpo*	52
43. *Beberé la miel de tu alma*	53
44. *Amor, ven y abraza mi cuerpo*	54
45. *Toca mi alma*	55
46. *La ruta del deseo*	56

47. *A mí sorpréndeme a besos*   57
48. *Así trabajo*   58
49. *Las palabras son magia*   59
50. *Ven y siéntate a mi lado*   60
51. *El mejor cuadro somos tú y yo*   61
52. *Anhelo vivir*   62
53. *Puedes vivir el amor*   63
54. *Amanece con el dulce recuerdo*   64
55. *Amor, buenas noches*   65
56. *Debe ser fantástico, mi amor*   66
57. *¿Cómo crees eso?*   67
58. *Yo no ofrezco lo que no puedo dar*   68
59. *Perfecto*   69
60. *Ven a mi vida*   70
61. *Voy a dormir, mi vida*   71
62. *Besos a tus ojos*   72
63. *En el amanecer*   73
64. *Amanece*   74
65. *Está frío*   75
66. *La encontré por la mañana*   76
67. *Y a besos despertar*   77
68. *Cae*   78
69. *Porque siempre estaré ahí*   79
70. *Existen personas maravillosas*   80

71. *Solo es que, cada vez*   81

72. *No fue desvelo*   82

73. *Hay amores que se gritan*   83

74. *¿Y si le grito al mundo…?*   84

Esta obra se terminó de editar en febrero de 2023 en ALJA Ediciones, Ofelia Gutiérrez 61, Fraccionamiento Los Ébanos, C. P. 87340, H. Matamoros, Tamaulipas, México.

Made in the USA
Middletown, DE
28 February 2023

25347681R10057